Ladybug

Horned Beetle

Stinkbug

Stick Bug

This book is dedicated to my son, Jason, because of his appreciation for the small things in life, including bugs.

這本書要獻給我的兒子——Jason，因為他總能去欣賞生活中的微小事物，包括小蟲子。

Bumpy's Crazy Tail

邦皮的瘋狂尾巴

"Eeeyawn!"

2

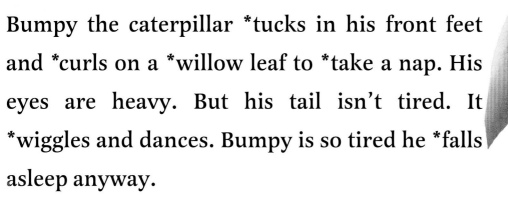

Bumpy the caterpillar *tucks in his front feet and *curls on a *willow leaf to *take a nap. His eyes are heavy. But his tail isn't tired. It *wiggles and dances. Bumpy is so tired he *falls asleep anyway.

*為ㄨㄟˊ生ㄕㄥ字ㄗˋ，請ㄑㄧㄥˇ參ㄘㄢ照ㄓㄠˋ生ㄕㄥ字ㄗˋ表ㄅㄧㄠˇ

3

4

Bumpy dreams about his pretty butterfly wings.

*All at once, he is flying!

His tail is *hanging from the leaf, dancing in midair.

"I'm sleepy, tail!" he cries.

But Bumpy's tail won't listen.

It dances and *skips, making Bumpy *dizzy.

"What can I do?" he *moans.

"What's wrong?" says Lily the ladybug.

"It's my tail!" Bumpy cries. "I'm sleepy, but it isn't."

8

9

10

"Hmmm, I don't have a tail," Lily says. "*What if you sit on it?"

"That might work. Thanks Lily!" Bumpy says.

Bumpy curls his body around his wiggly tail.

His tail *tickles his stomach, but it's quieter.

"Now I can sleep!"

12

Soon the leaf shakes again. Bumpy's tail
is dancing harder than ever!
"Oh no!" Bumpy cries.

"What's wrong?" says Blister the horned beetle.

"It's my tail!" Bumpy says. "I'm sleepy, but it isn't."

"Hmmm. Maybe if I hold your tail, it'll stay *still."

"Great idea!" Bumpy says.

Blister holds Bumpy's tail in his *jaws.

The tail wiggles but can't get *loose.

Soon Bumpy and Blister fall asleep.

Bumpy's tail pulls free, *shaking the leaf so hard
that it wakes Blister and Bumpy.

"Oh no!" Blister says.

"That's okay, Blister," Bumpy says. "I slept
longer this time. I think I'll eat lunch."

Bumpy *stretches his long body toward a juicy willow *bud.

He could almost reach it but his body won't move!

"Blister, are you holding my tail?" he asks.

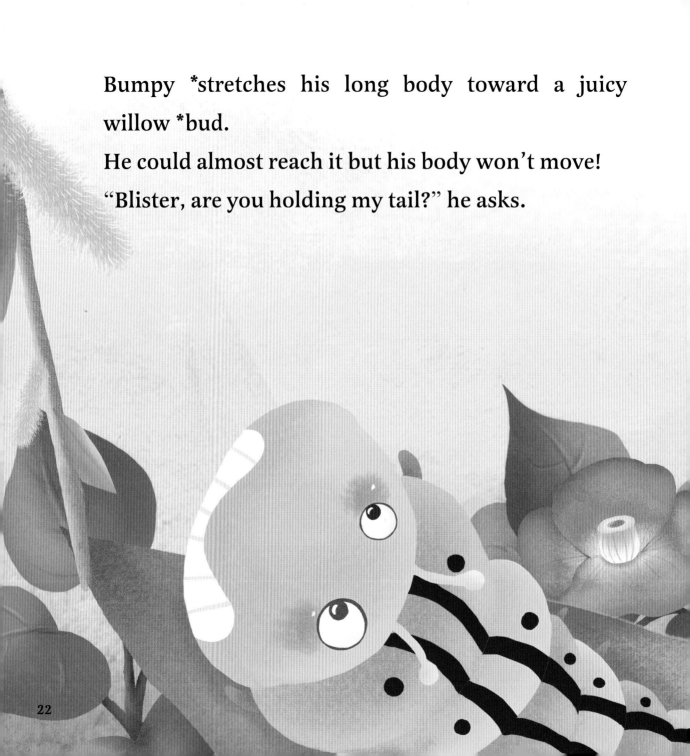

"No! But if you still want that nap, now's a good time. Look!"

"Oh, no!" Bumpy cries.

His tail is finally quiet.

It has fallen asleep.

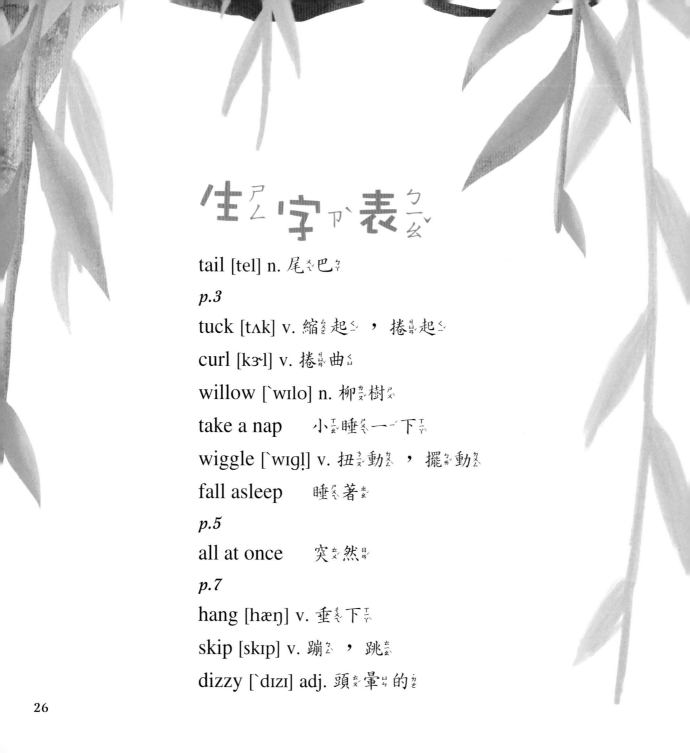

生字表

tail [tel] n. 尾巴

p.3

tuck [tʌk] v. 縮起，捲起

curl [kɜl] v. 捲曲

willow [`wɪlo] n. 柳樹

take a nap　小睡一下

wiggle [`wɪgl] v. 扭動，擺動

fall asleep　睡著

p.5

all at once　突然

p.7

hang [hæŋ] v. 垂下

skip [skɪp] v. 蹦，跳

dizzy [`dɪzɪ] adj. 頭暈的

p.8

moan [mon] v. 哀ㄞ嘆ㄊㄢˋ，抱ㄅㄠˋ怨ㄩㄢˋ

p.11

what if　如ㄖㄨˊ果ㄍㄨㄛˇ……會ㄏㄨㄟˋ怎ㄗㄣˇ麼ㄇㄜ˙樣ㄧㄤˋ？

p.12

tickle [ˋtɪkl̩] v. 使ㄕˇ發ㄈㄚ癢ㄧㄤˇ

p.17

still [stɪl] adj. 靜ㄐㄧㄥˋ止ㄓˇ的ㄉㄜ˙，不ㄅㄨˋ動ㄉㄨㄥˋ的ㄉㄜ˙

p.18

jaw [dʒɔ] n. 大ㄉㄚˋ顎ㄜˋ，顎ㄜˋ

loose [lus] adj. 鬆ㄙㄨㄥ開ㄎㄞ的ㄉㄜ˙

p.20

shake [ʃek] v. 搖ㄧㄠˊ動ㄉㄨㄥˋ，抖ㄉㄡˇ動ㄉㄨㄥˋ

p.22

stretch [strɛtʃ] v. 伸ㄕㄣ長ㄔㄤˊ，拉ㄌㄚ直ㄓˊ

bud [bʌd] n. 葉ㄧㄝˋ芽ㄧㄚˊ

n.=名ㄇㄧㄥˊ詞ㄘˊ，v.=動ㄉㄨㄥˋ詞ㄘˊ，adj.=形ㄒㄧㄥˊ容ㄖㄨㄥˊ詞ㄘˊ

邦皮的瘋狂尾巴

「呵啊～ 」毛毛蟲邦皮打了個呵欠。

他縮起前腳，蜷著身體，在柳葉上打起盹兒來。

他的眼皮很沈重，但尾巴卻還在搖擺舞動著，似乎一點也不累。不過邦皮實在太累了，所以他還是睡著了。

邦皮夢到自己長出了一對漂亮的蝴蝶翅膀，然後在一瞬間，他飛了起來！

28

他的尾巴從葉子上垂下來，在半
空中舞動著。

邦皮大喊：「喂，尾巴！我想睡覺耶！」

但他的尾巴一點也不聽話。

它照樣跳來跳去，弄得邦皮頭昏腦脹。

他悲傷的嘆息著：「怎麼辦？」

瓢蟲莉莉說：「發生什麼事了？」

邦皮大喊：「都是我的尾巴啦！我
要睡覺，但它卻不肯睡！」

莉莉說：「嗯……我沒有尾巴，沒

碰過這種事。那如果你坐在尾巴上睡覺，會不會好點兒呢？」
邦皮說：「那樣說不定有用喔！謝謝妳，莉莉！」
於是邦皮蜷起身體，纏住他不停扭動的尾巴。雖然尾巴搔著邦皮的肚子很癢，但它似乎安分多了。

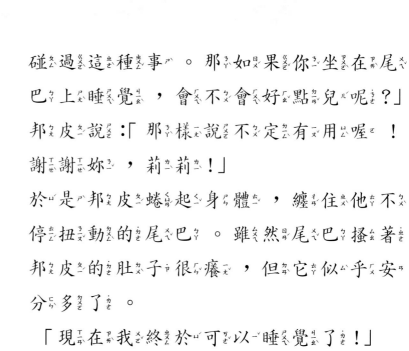

「現在我終於可以睡覺了！」
可是很快的，葉子又開始搖晃了起來。原來是邦皮的尾巴又開始跳起舞來，還扭動得比之

前更厲害呢！

邦皮大叫：「喔！不！」

鍬形蟲小布問他：「發生什麼事啦？」

邦皮大喊：「都是我的尾巴啦！我要睡覺，但它不肯睡！」

小布說：「嗯……如果我夾住你的尾巴，說不定它就不會亂動了！」

邦皮說：「真是個好主意！」

於是小布用大顎夾住邦皮的尾巴，雖然尾巴仍在擺動，但至少它沒有辦法掙脫。

很快的，邦皮和小布都睡著了。
突然間，邦皮的尾巴從小布的
大顎掙脫出來，然後又開始使
勁的搖晃樹葉，把邦皮和小布
都吵醒了。

小布大喊：「喔！不！」

邦皮說：「小布，沒關係啦！我
這次睡得比較久。我要來吃午
餐了！」

邦皮伸直他長長的身體，朝著
多汁的柳樹芽前進。就在他幾
乎要碰到柳樹芽的時候，身體

卻一動也不動了！

邦皮問：「小布，是你夾住我的尾巴嗎？」

小布回答：「不是！但如果你還想小睡一會兒的話，現在正是時候！你看！」

邦皮大喊：「喔！不！」

原來他的尾巴終於累了，現在正安靜的睡著呢！

33

超級變變變 Super Bang Bang Bang

小朋友，你知道嗎？毛毛蟲要長大變成蝴蝶會經過四個時期，下面是毛毛蟲邦皮從出生到長大的過程，請小朋友們一起回答這些問題，幫助邦皮趕快變成美麗的蝴蝶吧！

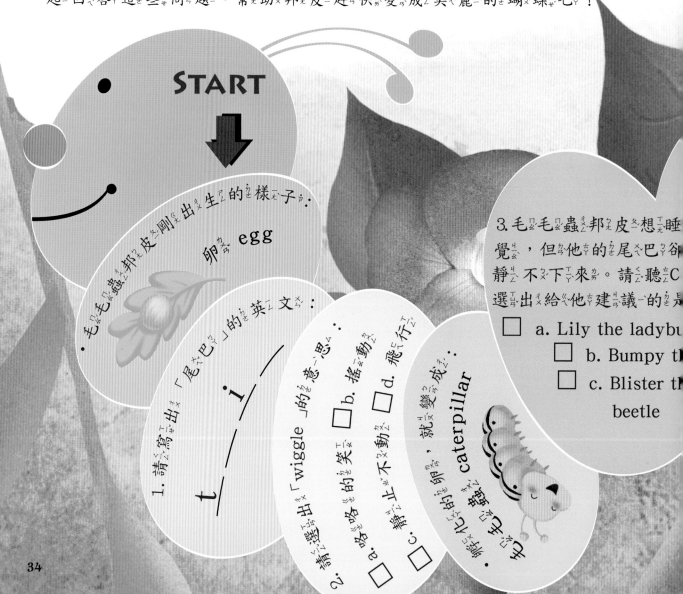

START

毛毛蟲邦皮剛剛出生的樣子：

卵 egg

1. 請寫出「尾巴」的英文：

t _ i _

2. 請選出「wiggle」的意思：
□ a. 略略的笑
□ b. 搖動
□ c. 靜止不動
□ d. 飛行

孵化後的卵，就變成：

毛毛蟲 caterpillar

3. 毛毛蟲邦皮想睡覺，但他的尾巴卻靜不下來。請聽C選出給他建議的是
□ a. Lily the ladybu
□ b. Bumpy t
□ c. Blister t
beetle

下面是毛毛蟲邦皮的身體，請選出「stomach」是哪一個部位？

☐ a.　☐ c.

☐ b.

‧毛毛蟲結繭後，變成蛹 pupa

ack4，
：

terpillar
rned

5. 在故事中，毛毛蟲邦皮吃什麼當作午餐？
☐ a. leaf　☐ b. ladybug
☐ c. willow bud

6.「喔，不！」毛毛蟲邦皮大叫一聲，這時你應該怎麼反應呢？
☐ a. What's wrong?
☐ b. Oh no!　☐ c. Great idea!

破繭而出，變成美麗的蝴蝶 butterfly

‧答案請參考 33 頁

認識毛毛蟲

Caterpillar

外型：

- 毛毛蟲是蝴蝶或蛾的幼蟲。牠的身體可分三段：頭、胸部及腹部；根據腳的生長部位不同，分成三對胸足（在前）及五對腹足（在腹部）。

- 毛毛蟲因為身體又肥又軟，常成為其他動物的食物，所以必須變化身體的顏色來保護自己：有的毛毛蟲藉著讓身體顏色變得跟環境背景一樣，來躲避天敵；有的毛毛蟲利用身上鮮豔的色彩，告訴敵人自己含有毒性，避免敵人侵犯。

感官：

- 毛毛蟲不是靠嘴巴呼吸的，空氣是由牠的胸足和腹足旁的細小呼吸孔進入身體。
- 別看毛毛蟲的眼睛好像很大，其實那只是眼睛狀的斑點。毛毛蟲真正的視力並不好，只能靠著頭部兩側的眼睛，偵察外界光線的變化來行動。

毛ㄇㄠˊ毛ㄇㄠˊ蟲ㄔㄨㄥˊ的ㄉㄜ蛻ㄊㄨㄟˋ變ㄅㄧㄢˋ

毛ㄇㄠˊ毛ㄇㄠˊ蟲ㄔㄨㄥˊ從ㄘㄨㄥˊ卵ㄌㄨㄢˇ變ㄅㄧㄢˋ成ㄔㄥˊ蝴ㄏㄨˊ蝶ㄉㄧㄝˊ的ㄉㄜ過ㄍㄨㄛˋ程ㄔㄥˊ，總ㄗㄨㄥˇ共ㄍㄨㄥˋ分ㄈㄣ成ㄔㄥˊ四ㄙˋ個ㄍㄜˋ階ㄐㄧㄝ段ㄉㄨㄢˋ：卵ㄌㄨㄢˇ→ 幼ㄧㄡˋ蟲ㄔㄨㄥˊ→ 蛹ㄩㄥˇ→ 蝴ㄏㄨˊ蝶ㄉㄧㄝˊ，稱ㄔㄥ為ㄨㄟˋ「完ㄨㄢˊ全ㄑㄩㄢˊ變ㄅㄧㄢˋ態ㄊㄞˋ」。

蝴ㄏㄨˊ蝶ㄉㄧㄝˊ的ㄉㄜ卵ㄌㄨㄢˇ是ㄕˋ圓ㄩㄢˊ形ㄒㄧㄥˊ的ㄉㄜ，外ㄨㄞˋ面ㄇㄧㄢˋ有ㄧㄡˇ卵ㄌㄨㄢˇ殼ㄎㄜˊ保ㄅㄠˇ護ㄏㄨˋ。
卵ㄌㄨㄢˇ的ㄉㄜ大ㄉㄚˋ小ㄒㄧㄠˇ和ㄏㄢˋ形ㄒㄧㄥˊ狀ㄓㄨㄤˋ，依ㄧ不ㄅㄨˋ同ㄊㄨㄥˊ種ㄓㄨㄥˇ類ㄌㄟˋ的ㄉㄜ蝴ㄏㄨˊ蝶ㄉㄧㄝˊ而ㄦˊ有ㄧㄡˇ所ㄙㄨㄛˇ不ㄅㄨˋ同ㄊㄨㄥˊ。

卵ㄌㄨㄢˇ孵ㄈㄨ化ㄏㄨㄚˋ成ㄔㄥˊ毛ㄇㄠˊ毛ㄇㄠˊ蟲ㄔㄨㄥˊ。
為ㄨㄟˋ了ㄌㄜ要ㄧㄠˋ快ㄎㄨㄞˋ快ㄎㄨㄞˋ長ㄓㄤˇ大ㄉㄚˋ，毛ㄇㄠˊ毛ㄇㄠˊ蟲ㄔㄨㄥˊ把ㄅㄚˇ大ㄉㄚˋ部ㄅㄨˋ分ㄈㄣ的ㄉㄜ時ㄕˊ間ㄐㄧㄢ花ㄏㄨㄚ在ㄗㄞˋ吃ㄔ東ㄉㄨㄥ西ㄒㄧ上ㄕㄤˋ，當ㄉㄤ然ㄖㄢˊ也ㄧㄝˇ吃ㄔ的ㄉㄜ很ㄏㄣˇ多ㄉㄨㄛ。

等到蛹成熟之後，便羽化成蝴蝶。成熟的蝴蝶背負著繁殖後代的責任。

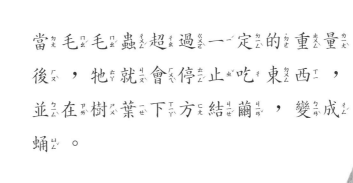

當毛毛蟲超過一定的重量後，牠就會停止吃東西，並在樹葉下方結繭，變成蛹。

關於作者

Kriss Erickson has been a freelance writer since 1981. She has published in the United States and in Australia and has over 300 published works. Kriss earned a Master's degree in Counseling in 2003 and holds a Master's level certificate of Spiritual Direction. She lives with her husband and son on a 3/4 acre wetland where she has created extensive gardens. Kriss is also a freelance artist in colored pencil and acrylic. She enjoys singing blues and contemporary music at local coffee shops.

Kriss Erickson 從 1981 年開始了自由作家的生活。她陸續在美國和澳洲發表著作，至今出版過的作品已超過 300 本。Kriss 在 2003 年取得心理諮商碩士的學位，並且擁有靈修指導碩士程度的結業證書。她和丈夫以及兒子住在四分之三英畝的濕地上，還在那裡打造了一個廣闊的花園。Kriss 同時也是一位自由藝術家，擅長使用色鉛筆和壓克力顏料來畫畫，而在當地的咖啡店哼唱藍調和現代音樂則是她的樂趣。

關於繪者

陽光，綠蔭，
花和青草味，
樹影和月光，蛙鳴。
童年的盛夏。

一個透明的玻璃瓶，瓶口用橡皮筋箍著紙蓋，上面扎有幾個氣孔，將裡面裝滿大大小小的、知名的或是不知名的蟲兒，然後安靜而好奇的看上好長一陣子，這是整個季節裡最興趣盎然的事情之一了。許多歲以後，複雜、莫名的東西多起來，心中不再有那個帶紙蓋的瓶子，不再關心、甚至不再靜心聆聽周圍的一切。

身為卡圖工作室的一份子，畫畫、做書，我們努力為孩子們製造著快樂，同樣也為自己尋找單純和美好。

親親自然 成就英語悅讀

台北市外語啟蒙教學發展學會理事長　　李宗玥

「故事」是每個孩子的夢工廠，成就孩子的豐富幻想，讓孩子的想像力無限伸展與飛翔，每個故事都在架構成長的快樂回憶，細數故事的數目，如同細數快樂。

「自然世界」是兒童生活經驗中，最真實與迷人的經驗。不起眼的毛毛蟲為什麼會變成一隻漂漂亮亮的蝴蝶？自然世界裡充滿了讓孩子忍不住驚喜的讚嘆，如同作者的孩子，琢磨於生活中的微小事物，一隻小蟲子也能成就一個大驚奇，從孩子的眼裡視察自然，會發現自然世界本身就是一個故事屋。

「語言」是迎向世界最萬能的鑰匙，它開啟每一扇快樂夢想的門；而每一扇門後，有著世界各個角落裡孩子的喜悅與幻想。有了語言的鑰匙，才有機會透視世界更多的快樂夢想，才有機會了解故事裡的昆蟲們，是如何相處互動的。

三民書局的「我的昆蟲朋友」系列，用「語言」的骨架，串連了「故事」與「自然世界」，搭起孩子閱讀的興趣與動機，讓「語言」(language) 與「知識」(knowledge) 不再毫無交集、枯燥乏味。就是這樣的書，會讓我們和孩子都感動。任何一種有目的的學習，在學習歷程中，都會有高低潮，我相信藉著「我的昆蟲朋友」系列中有趣的自然故事與好玩的學習活動，必然能逐步架構語言的樂趣與能力。

　　語言的學習，早就應擺脫制式語言文法架構，而走入孩子的真實生活裡。如果您也有同樣的想法，相信在「昆蟲朋友」的「自然世界」中，必能滿足您對孩子語言發展的夢想與期盼。

FUN心讀雙語叢書

BUG BUDDIES SERIES 我的昆蟲朋友系列

具基礎英文閱讀能力者（國小 4～6 年級適讀）

　　我有幾個昆蟲好朋友，各個都有自己奇怪的特性，讓他們有點煩惱；可是這樣的不同，卻帶給他們意想不到的驚奇與結果！

「我的昆蟲朋友」共有五個：

1. Bumpy's Crazy Tail	邦皮的瘋狂尾巴
2. Fleet's Sticky Feet	飛麗的黏腳丫
3. Stilt's Stick Problem	史提的大麻煩
4. Macy's Strange Snacks	莓西的怪點心
5. Stinky's Funny Scent	丁奇的怪味道

國家圖書館出版品預行編目資料

Bumpy's Crazy Tail:邦皮的瘋狂尾巴 / Kriss Erickson著;卡圖工作室繪;本局編輯部譯.－－初版一刷.－－臺北市：三民，2006
　　面；　　公分.－－(Fun心讀雙語叢書.我的昆蟲朋友系列)
中英對照
ISBN 957－14－4594－0　（精裝）

1.英國語言－讀本

523.38　　　　　　　　　　　　　95014835

© **Bumpy's Crazy Tail**
—— 邦皮的瘋狂尾巴

著作人　Kriss Erickson
繪　者　卡圖工作室
譯　者　本局編輯部
發行人　劉振強
著作財　三民書局股份有限公司
產權人　臺北市復興北路386號
發行所　三民書局股份有限公司
　　　　地址／臺北市復興北路386號
　　　　電話／(02)25006600
　　　　郵撥／0009998－5
印刷所　三民書局股份有限公司
門市部　復北店／臺北市復興北路386號
　　　　重南店／臺北市重慶南路一段61號
初版一刷　2006年8月
編　號　S 806731
定　價　新臺幣參佰元整
行政院新聞局登記證局版臺業字第○二○○號

有著作權・不准侵害

ISBN　957－14－4594－0　（精裝）